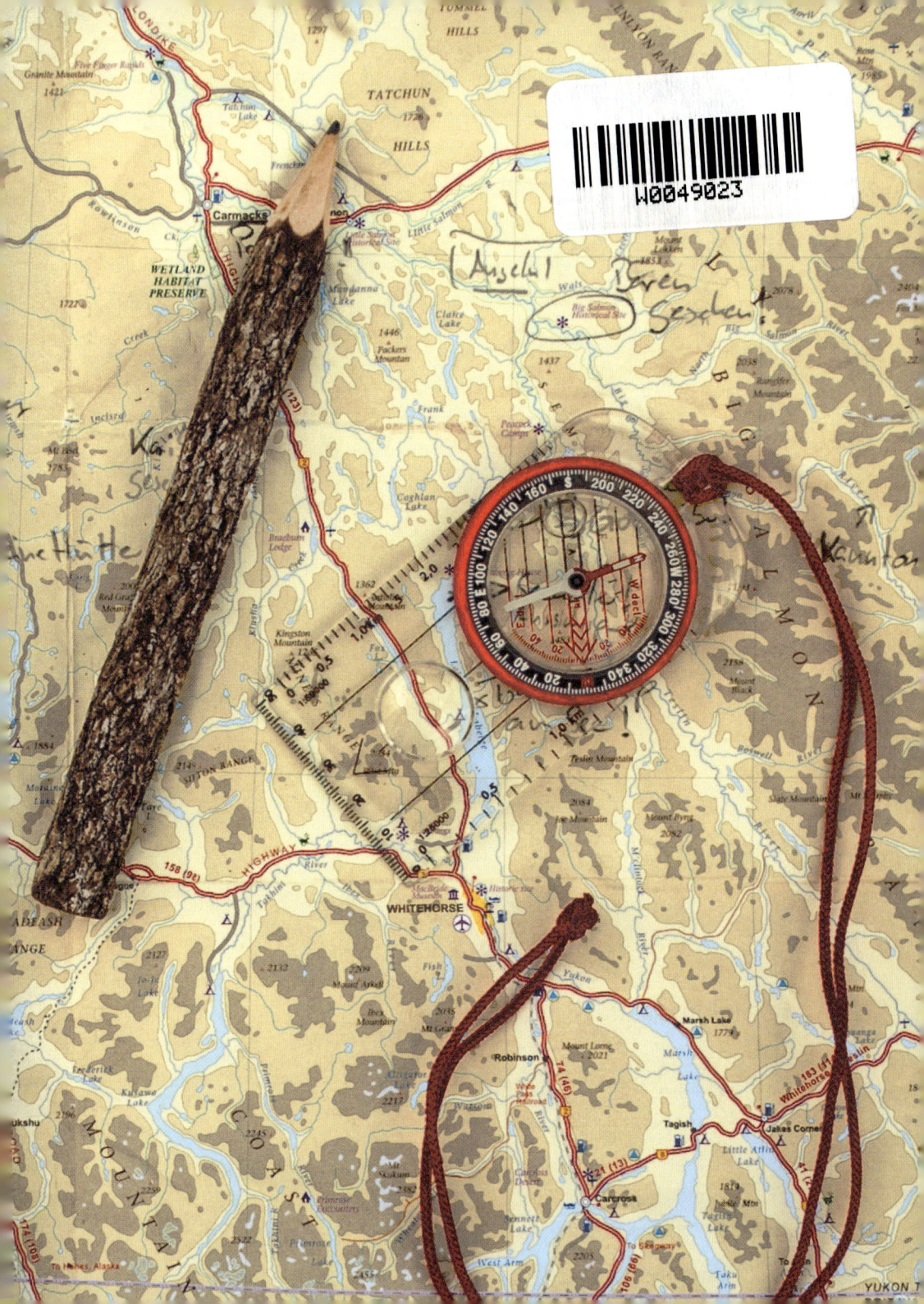

Tobias Ohmann hat in Köln, Australien und Norwegen Sportwissenschaften mit dem Schwerpunkt Natur- und Erlebnissport studiert. Heute begleitet er Kinder und Erwachsene auf ihren Abenteuern in Kanada, Alaska, Island, Norwegen, Transsilvanien, Spanien und Deutschland. Als Wildniscoach ist Tobias Ohmann auch im Fernsehen zu sehen – in der Sendung „Durch die Wildnis" des Hessischen Rundfunks auf KiKa.

MIX
Papier aus verantwortungsvollen Quellen
FSC® C020056
FSC
www.fsc.org

5 4 3 2 22 21 20 19 18
ISBN 978-3-649-62625-1
© 2018 Coppenrath Verlag GmbH & Co. KG,
Hafenweg 30, 48155 Münster, Germany
CH: Baumgartner Bücher AG,
Centralweg 16, 8910 Affoltern a. A.
Alle Rechte vorbehalten, auch auszugsweise

Text und Fotos: Tobias Ohmann, außer:
Leonie Ebbert: Vor- und Nachsatz;
Arco Images/Arterra/Sven-Erik Arndt:
S. 51 (Wildschweine); Moritz Hagedorn:
S. 56; picture alliance/blickwinkel/
McPHOTO: S. 48; naturepl.com/David
Pattyn: S.12; Shutterstock.com:
S. 20, 28, 34, 35, 36 (rechts), 49,
51 (Zecken), 55, 57
Illustrationen: Jutta Wetzel
Redaktion: Susanne Tommes
www.coppenrath.de

Tobis OUTDOOR-TAGEBUCH

11 Tage allein im Wald

HALLO, ABENTEURER!

Der Wald ist einer meiner liebsten Orte. Hier finde ich immer ein Stück Wildnis – am anderen Ende der Welt genauso wie direkt bei mir zu Hause um die Ecke. Und wenn ich erst einmal ein paar Meter hineingegangen bin, vergesse ich sofort die nahe Stadt. Hohe Bäume, neugierige Tiere, versteckte Pfade – es gibt jedes Mal wahnsinnig viel zu entdecken.

In diesem Buch nehme ich dich mit auf eine kleine Reise in die riesigen Wälder Kanadas und erzähle dir, was ich dort alles erlebt habe. Selbstverständlich habe ich jede Menge Tipps für dich, wie du auch im heimischen Wald spannende Abenteuer erleben und gefährliche Situationen sicher meistern kannst. Und wer weiß, vielleicht begegnen wir uns ja einmal da draußen?

Viel Spaß!
Dein Tobi

Das bin ich.

INHALT

Los geht's! Hallo, Abenteurer!............. 6

Tag 1: Sachen packen 8
Wildnis-Tipp: Richtig packen 11

Tag 2: Hilfe, ich hab
mich verlaufen! 12
Wildnis-Tipp: Orientierung 15

Tag 3: Ich mach's mir gemütlich...... 16
Wildnis-Tipp: Lagerplatz 19

Tag 4: Feuer machen 20
Wildnis-Tipp: Lagerfeuer 23

Tag 5 und 6: Die Bären sind los!? .. 24
Wildnis-Tipp:
Proviant aufbewahren 27

Tag 7: Neue Dächer über
dem Kopf! 28
Wildnis-Tipp: Unterschlüpfe 31

Tag 8: Mein Magen knurrt! 32
Wildnis-Tipp: Essen aus
der Natur! 35

Tag 9: Wo sind denn alle? 36
Wildnis-Tipp: Tiere beobachten ... 39

Tag 10: Autsch, ich hab
mich verletzt! 40
Wildnis-Tipp: Hilfe holen 43

Tag 11: Saubere Sache! 44

Wildnis-Tipp: Aufräumen 47

Spezial-Info 1:
Welcher Wald soll's sein?..................... 48

Spezial-Info 2:
Gefahren im Wald 50

Spezial-Info 3:
Die richtige Ausrüstung...................... 52

Spezial-Info 4:
Vorbereitung ist alles! 54

Spezial-Info 5:
Training für Abenteurer 56

Schluss: Tschüss, Abenteurer! 61

Einer meiner Tourbegleiter

SACHEN PACKEN

14 Uhr In Kanada gefällt mir am besten, dass wirklich überall um mich herum riesige Wälder sind. Darum habe ich beschlossen, mal wieder ein paar Tage fernab der Zivilisation nur draußen zwischen den Bäumen zu sein. Vor ein paar Tagen habe ich eine Kanutour unternommen und daher schon einige Ausrüstungsgegenstände zusammengepackt. Also brauche ich jetzt gar nicht mehr viel vorzubereiten!

14.30 Uhr Zelt, Schlafsack, Isomatte, dazu Teller und Besteck, außerdem noch Messer und Säge – schnell habe ich alles zusammen. Und weil man ja nie weiß, wie das Wetter wird, lege ich noch ein paar Regenklamotten dazu. Ach ja, den Kompass darf ich nicht vergessen. Und die Karte. Ah, ganz wichtig, die Kamera muss auch mit. Und mein Fernglas. Vielleicht noch ein zweiter Akku? Und unbedingt was Leckeres zu essen!

15 Uhr Puh, ganz schön viele Sachen! Zum Glück habe ich einen echt großen Rucksack!

15.05 Uhr Au weia, mein Rucksack ist bis obenhin vollgestopft und um mich herum liegt immer noch ein ganzer Berg Ausrüstung.

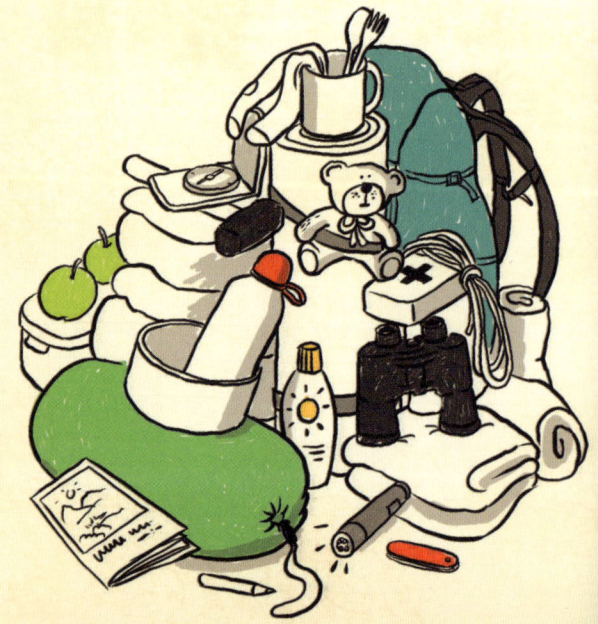

Einmal habe ich zu einem Lagerplatz im Wald zwei Rucksäcke mitgenommen. Ganz schön anstrengend! Zum Glück war der Weg nicht weit!

15.10 Uhr Ah, die Seitenfächer, darin kann ich alle möglichen Kleinteile unterbringen. Und das Zelt binde ich außen am Rucksack fest. So muss es gehen!

15.20 Uhr Und jetzt einmal Probe tragen! Oh nein, schon beim ersten Versuch, den Rucksack aufzusetzen, falle ich – zack – rückwärts um. Ach du meine Güte, ist der schwer! Im Kanu kann man ganz leicht viel Material transportieren – aber auf dem Rücken?!? Fest steht: So kann ich nicht wandern. Ich habe keine Wahl, ich muss mit weniger Sachen auskommen.

15.30 Uhr Ich packe meinen Rucksack wieder aus und fange an, alles zu sortieren. Was brauche ich wirklich? Klar, Schlafsack, Isomatte und Zelt kann ich nicht hierlassen. Aber benötige ich vier T-Shirts und eine gemütliche Hose nur für abends im Camp? Bei den Klamotten kann ich einiges sparen, schließlich gehe ich nicht zu einer Modenschau! Meine Kamera will ich aber unbedingt mitnehmen. Allerdings bedeutet das, dass ich auf etwas anderes verzichten muss ...

15.50 Uhr Ich sehe mir meinen Proviantstapel an. Na gut, eine Limo muss wirklich nicht mit, ich kann mir auch Wasser abkochen. Und auch wenn ich gern mal Kartoffeln im Feuer röste – Nudeln nehmen nicht nur weniger Platz weg, sondern sind auch leichter.

16.10 Uhr Alles verstaut – und sogar noch Platz im Rucksack! Super! Dann kann ich mein Fernglas auch noch mitnehmen!

WILDNIS-TIPP
RICHTIG PACKEN

Damit sich dein Rucksack gut tragen lässt, achte auf Folgendes:

- Er sollte einen gepolsterten Hüftgurt haben, der das Gewicht von den Schultern nimmt.
- Überlege dir genau, was du wirklich brauchst.
- Nimm „Zwiebelkleidung" mit, also Anziehsachen, die du gut kombinieren und auch übereinandertragen kannst.
- Ich packe meine Sachen, thematisch sortiert, in durchsichtige Tüten – eine Tüte für Unterwäsche, eine Tüte für Kompass und Karte und so weiter. So finde ich später alles schnell wieder.
- Leichte, große Sachen, etwa der Schlafsack, kommen ins Bodenfach, schwere Sachen in die Mitte und nah an den Rücken, dazu die Klamotten. Dinge, die du oft brauchst, packst du nach oben.

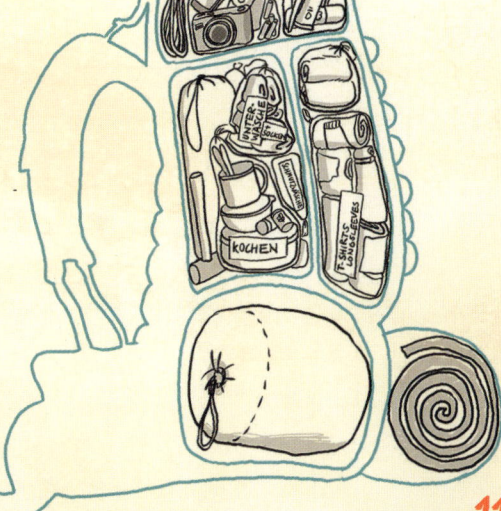

Faustregel: Das Gewicht des fertig gepackten Rucksacks sollte nicht höher sein als ein Fünftel deines Körpergewichts. Ein Beispiel: Wenn du 50 kg wiegst, sollte dein Rucksack nicht mehr als 10 kg wiegen.

HILFE, ICH HAB MICH VERLAUFEN!

8 Uhr Heute soll es losgehen. Ich frag gleich mal ein paar Leute aus der Gegend nach dem Weg zu den schönsten Plätzen.

9.30 Uhr Ein alter Holzfäller hat mir von einer tollen Stelle erzählt. Da möchte ich auf jeden Fall heute Abend mein Lager aufschlagen. Kompass und Karte habe ich ja im Rucksack, dann stiefle ich mal los!

11.45 Uhr Der Wald zieht mich sofort in seinen Bann. Alles ist so wild – eben ein echter Urwald. Doch nach und nach wird er viel dichter und undurchdringlicher, als ich es erwartet habe. Immer seltener kann ich einfach geradeaus gehen. Ich muss Umwege nehmen und mich regelrecht durchkämpfen.

Der Wald ist so dicht, dass ich keine Orientierungspunkte mehr finden kann.

Wie geht es hier weiter?

16.30 Uhr Ich stehe vor einem tiefen Bach und habe keine Ahnung, wie es hier weitergehen soll. Von dieser Stelle hat mir niemand erzählt! Ich habe mich wohl verirrt. Und wenn ich mich umdrehe, wird mir klar, dass ich in diesem dichten Wald auch den Rückweg nicht wiederfinden werde. Vor lauter Staunen habe ich mir keine wichtigen Wegpunkte gemerkt. Das ist mir noch nie passiert!

16.45 Uhr Soll ich vielleicht einfach hier mein erstes Lager aufschlagen? Blöderweise sehe ich keine einzige ebene Fläche, auf der ich einiger-maßen bequem liegen könnte. Da stehe ich nun mitten in einem wildfremden Wald ohne die geringste Ahnung, was ich machen soll!

13

17 Uhr Ich sitze auf einem Baumstamm und werfe einen Blick in meine Wanderkarte. Schließlich will ich nicht einfach drauflosstürmen und mich noch weiter verirren. Ich finde zwei entgegengesetzte Hügel auf der Karte, die nicht weit von mir entfernt sein können.

17.10 Uhr Von einem Baum aus kann ich einen Hügel entdecken. Den peile ich jetzt mit meinem Kompass an und mache mich auf den Weg. Diesmal achte ich aber darauf, dass ich im dichten Wald nicht wieder das Ziel aus den Augen verliere!

18.50 Uhr Geschafft, ich bin oben auf dem Hügel angekommen! Jetzt kann ich mir einen guten Überblick verschaffen und mithilfe der Karte meinen Standort bestimmen. Erleichtert trete ich den Weg zu meinem Lagerplatz an.

ORIENTIERUNG

Hast du gewusst, dass es fast unmöglich ist, über weite Strecken geradeaus zu laufen? Menschen gehen ohne feste Orientierungspunkte, zum Beispiel Landmarken oder die Sonne, immer ein wenig im Kreis.

Darum ist es wichtig, sich mit Kompass und Karte auszukennen. Der Kompass hilft dir, deine Karte so zu drehen, dass der Norden auf der Karte mit dem Norden in der Natur übereinstimmt. Die rote Spitze der Kompassnadel zeigt immer nach Norden, die andere nach Süden. Auf deiner Karte ist Norden immer oben. Versuche, deinen Standort zu bestimmen, indem du auf der Karte und in der Natur nach auffälligen Sachen, zum Beispiel einer Brücke, Ausschau hältst.

Beschäftige dich vorab mit dem Gebiet. Wie ist das Gelände beschaffen? Welche Schwierigkeiten erwarten dich? Suche auf deiner Karte nach gut erkennbaren Landmarken, beispielsweise hohen Bergen oder Brücken. Versuche auch, dir unterwegs markante Dinge einzuprägen, etwa Felsen oder einen See, so findest du immer wieder zurück!

ICH MACH'S MIR GEMÜTLICH

7 Uhr Bin gerade aufgewacht. Oh, nein! Alles ist nass! Aber der Reihe nach: Gestern Abend gegen 21 Uhr habe ich völlig erschöpft meinen Lagerplatz erreicht. Am Himmel zogen dunkle Wolken auf. Hektisch habe ich mein Zelt aus dem Rucksack gezerrt. Kaum hatte ich es in der Nähe eines Felsens aufgeschlagen, prasselte schon der Regen aufs Dach. Was ich in der Dämmerung nicht bemerkt habe: Ich habe mein Zelt in einer Senke aufgebaut. Darin hat sich über Nacht das Regenwasser gesammelt – und jetzt sitze ich mitten in einer riesigen Pfütze!

7.40 Uhr Zum Glück hat es aufgehört zu regnen. Ich habe mein Zelt und den Schlafsack zum Trocknen in die Bäume gehängt und beschließe, für die nächste Nacht einen besseren Platz für mein Zelt zu finden. Aber jetzt gibt's erst mal einen leckeren Müsliriegel zum Frühstück!

8.30 Uhr Ich sehe mich um. Der Lagerplatz ist wirklich genauso schön, wie der alte Holzfäller ihn beschrieben hat. Es gibt viel Platz, einen ebenen Boden, einen kleinen plätschernden Fluss, genügend Feuerholz und einen Hang, von dem man bestimmt eine schöne Aussicht hat. Ich habe die Qual der Wahl: Wo schlage ich mein Zelt am besten auf?

9 Uhr Zuerst sehe ich mich am Fluss um. Zu nah am Wasser möchte ich nicht zelten. Wenn es heute Nacht noch einmal regnen sollte, könnte ich weggespült werden. Lieber unter dem Hang? Auch keine gute Idee. Wer weiß, ob nicht mit dem nächsten kräftigen Windstoß ein paar Steine herunterfallen? Und unter den alten Bäumen? Auch nicht ideal: Äste könnten abfallen, und bestimmt tropft es hier noch lange, wenn der Regenschauer längst vorüber ist.

Eine erhöhte Stelle in der Nähe des Flusses: ein guter Platz fürs Zelt!

17

11 Uhr Ich habe eine gute Stelle gefunden: ein erhöhter Platz in der Nähe des Flusses. Hier kann kein Ast vom Baum und auch kein Stein vom Hang fallen. Außerdem liegt die Stelle so hoch, dass der Fluss sie auch bei Regen nicht erreichen kann. Ich warte noch, bis mein Zelt trocken ist, dann baue ich es genau hier auf.

14 Uhr Geschafft! Mein Zelt steht. Jetzt lege ich in der Nähe des Flusses noch einen Kreis aus dicken Steinen für mein Lagerfeuer.

16.05 Uhr Ich stehe oben auf dem Hang in der Nähe meines Lagerplatzes und sehe mich um. Aha, der Boden ist schön weich, die Entfernung zum Zelt optimal ... also grabe ich ein Loch und baue aus sechs dicken Ästen und Schnur einen Donnerbalken (Knoten -> Seite 58). Fertig ist meine Toilette mit Aussicht!

IGITT!

WILDNIS-TIPP
LAGERPLATZ

Einfach irgendwo in der Natur zelten – das ist zwar in Kanada erlaubt, in Deutschland und vielen anderen europäischen Ländern jedoch verboten. Fürs Wildnis-Feeling gibt es trotzdem genug Möglichkeiten:

- Erkundige dich im Familien- und Freundeskreis, wer einen wilden Garten hat. Vielleicht darfst du dort dein Zelt aufschlagen.
- Auch auf Bauernhöfen lohnt es sich, nachzufragen.
- Etwas abseits von Wohnwagen und „Dauer-Campern" bieten viele Campingplätze naturnahe Zeltwiesen an, manchmal direkt am Waldrand.
- Und was hältst du von einem Ferienlager mit den Pfadfindern?

Ideal ist in jedem Fall eine ebene, trockene Fläche neben einer Hecke oder dichten Büschen. Die schützen vor Wind und spenden etwas Schatten, ohne dass dir Äste oder Steine auf den Kopf fallen können.

Nicht vergessen: Spanne dein Zelt immer gut ab, damit es nicht wegfliegen kann! **!**

FEUER MACHEN

8.30 Uhr Uah! Ich habe richtig gut geschlafen – und jetzt einen Bärenhunger. Heute möchte ich etwas Warmes zum Frühstück essen und sammle erst einmal Feuerholz. Am besten lege ich mir gleich einen richtigen Holzvorrat an.

Gleich gibt's heißen Tee, oder etwa nicht?

10 Uhr Ich habe einen ganzen Stapel dicker Äste und viele kleine Holzstücke gefunden. Mein Magen knurrt und ich freue mich riesig auf einen schönen heißen Tee. Doch meine Streichhölzer sind von gestern noch ganz nass. Wie gut, dass ich immer eine Reserve in einer wasserdichten Box dabeihabe!

10.30 Uhr Das Feuer brennt, ich setze Wasser auf. Als ich in meinem nassen Rucksack nach meinen Vorräten krame, stelle ich fest, dass einige Anziehsachen von der Nacht in der Senke ganz feucht sind. Ich habe wohl vergessen, alle Tüten sorgfältig zu verschließen! Als ich mein Zelt aus dem Rucksack gezogen habe, müssen die Sachen aus den Tüten gerutscht sein. So ein Mist! Ich packe alles aus und spanne ein Paar Seile zwischen die Bäume. Schon bald hängt alles voller Klamotten.

12 Uhr So, jetzt möchte ich endlich frühstücken – da fängt es schlagartig wieder an zu regnen! Fieberhaft beginne ich unter immer dicker werdenden Tropfen, eine Plane zwischen drei Bäume zu hängen und die Klamotten darunter ins Trockene zu bringen. Im strömenden Regen renne ich hin und her und werde dabei nass bis auf die Knochen.

13 Uhr Frierend sitze ich unter meiner Plane und überlege, wie ich alles trocken kriegen soll. Der Regen hat mein Feuer gelöscht und meinen schönen Holzvorrat komplett durchnässt. Und zu allem Übel liegt in meiner wasserdichten Box nur noch ein einziges Streichholz!

14 Uhr Es regnet immer noch. Trotzdem muss ich dringend ein Feuer entfachen, damit ich mich aufwärmen und die Sachen trocknen kann. Dafür brauche ich trockenes Holz. Vor allem kleine Stücke zum Anfeuern sind wichtig, die größeren brennen später auch so.

14.30 Uhr Ich stiefle durch den Wald und suche ein Nadelholz-dickicht. Ganz unten, direkt am Stamm der dicht bewachsenen Bäume, findet man auch bei Regen meist feines, trockenes Holz, teilweise mit Harz, das die Flammen beschleunigt. Dahinten stehen einige Nadel-bäume eng zusammen – also nichts wie hin!

15.30 Uhr Um auf Nummer sicher zu gehen, sammle ich ein großes Zundernest zusammen, einen ganzen Ball aus dünnen Ästen.

16 Uhr Jetzt darf nichts mehr schieflaufen. Mit zitternden Fingern halte ich mein letztes trockenes Streichholz an den Zunder. Sofort beginnen die Flammen, sich durchzufressen. Vorsichtig lege ich dicke-re Äste darüber. Wenige Minuten später habe ich ein richtiges Feuer – trotz Regens. Super!

Endlich kann ich mich aufwärmen!

WILDNIS-TIPP
LAGERFEUER

Entzünde ein Lagerfeuer nur an offiziellen Feuerstellen und immer mithilfe eines Erwachsenen. Halte mindestens 10 m Abstand zu allem Brennbaren und stelle einen Eimer mit Löschwasser bereit. Niemals solltest du im Wald ein Feuer machen – Waldbrandgefahr!

Sammle trockene, dürre Zweige zum Anfeuern, etwas dickere, um die Flamme zu nähren, und große Äste, um Glut zu erzeugen. Übrigens: Zum Anfeuern ist auch Birkenrinde geeignet, sie enthält Öl und brennt auch nass gut.

Forme aus den trockenen Zweigen zunächst einen Zunderball, mindestens so groß wie eine Orange. Lege ihn in die Mitte der Feuerstelle und platziere Zweige und Äste pyramiden-förmig darüber. Einen Zugang zum Anzünden des Zunder-balls nicht vergessen!

Wichtig: Lass das Feuer niemals unbeaufsichtigt! Lösche es sorgfältig mit Wasser und Sand, damit es nicht wieder aufflam-men kann.

DIE BÄREN SIND LOS!?

6 Uhr Die Wolken haben sich verzogen, die Sonne blinzelt durch die hellgrünen Blätter. Der perfekte Tag für eine Expedition! Ich will versuchen, ein paar Bären zu beobachten. Erst vor wenigen Tagen haben sie ihre Winterruhe beendet und sind aus ihren Höhlen gekrochen. Jetzt laufen sie bestimmt auf der Suche nach Nahrung durch den Wald.

7.40 Uhr Der alte Holzfäller hatte mir zählt, dass im Gebüsch nah am Ufer ein Kanu versteckt ist. Zum Glück habe ich es gefunden. Jetzt schippere ich den Fluss hinab und kann aus sicherer Entfernung nach Tieren Ausschau halten.

17 Uhr Ich habe Wapitis, Elche und sogar Wölfe gesehen, aber leider keine Bären. Es wird Zeit, zum Lagerplatz zurückzupaddeln – flussaufwärts ganz schön anstrengend!

Eine Wapiti-Kuh

22 Uhr Ich liege hundemüde in meinem Schlafsack – da raschelt etwas direkt neben meinem Zelt! Schleicht da ein Bär herum? Vorsichtig sehe ich nach, kann aber nichts entdecken. Da raschelt es wieder. Mein Herz klopft mir bis zum Hals.

5.20 Uhr Was für eine Nacht! Ich habe total schlecht geschlafen, bin immer wieder aufgewacht und habe mir vorgestellt, wie der Bär auf meinem Lagerplatz herumschnüffelt und alles durcheinanderwirbelt.

6.10 Uhr Ich sehe mich um. Sowohl der Zeltboden als auch mein Rucksack haben ein Loch! Da finde ich ein paar Krümel eines Müsliriegels. Eine Mäusefamilie muss ihn gerochen und sich durchgeknabbert haben. Na, da habe ich noch mal Glück gehabt, es hätte auch ein Bär sein können!

Mäuse sind sehr neugierig!

17 Uhr Heute Abend will ich alles richtig machen. Kein Duft soll an mein Abendessen erinnern. Darum ist mein Kochplatz 100 m von meinem Zelt entfernt und ich wische mir meine Hände nicht an der Hose ab.

18.15 Uhr Lecker hat's geschmeckt! Jetzt räume ich gründlich auf. Alle Reste, auch die kleinsten Krümel, werfe ich ins Feuer. Die übrigen Vorräte, Seife und Zahnpasta packe ich in einen wasser- und luftdichten Kunststoffsack, den ich gut verschließe und dann mit einem Seil hoch oben an einem Ast aufhänge. So sind alle Gerüche sicher eingesperrt, weit genug vom Schlafplatz entfernt und ich muss nicht mehr mit nächtlichen Besuchern rechnen.

20 Uhr Bevor ich in meinen Schlafsack krabble, suche ich noch das ganze Zelt nach Müsliriegeln und Co. ab. Nichts mehr da! Na dann, gute Nacht!

SPIELVERDERBER!

PROVIANT AUFBEWAHREN

Lebensmittel, aber auch Seife, Sonnencreme und Deos können Tiere anlocken. Sogar eine Hose, an der du mehrmals deine fettigen Finger abgewischt hast, duftet für so manchen Waldbewohner wie der reinste Leckerbissen. Stell dir vor: Einmal hat ein neugieriger Fuchs einen meiner Handschuhe geklaut, nachdem ich mit ihm mein Essen zubereitet hatte!

Darum ist es wichtig, alle Vorräte immer gut zu verpacken – entweder in einem zugebundenen, dichten Proviantbeutel an einem hohen Ast oder in einer fest verschließbaren Kunststoff- oder Alubox. Außerdem lagerst du deine Sachen am besten ein gutes Stück von deinem Schlafplatz entfernt.

Auch deine Müllsäcke solltest du immer gut zuknoten und vor jeder Expedition und jeden Abend vor dem Schlafengehen sicher verstauen.

NEUE DÄCHER ÜBER DEM KOPF!

4.50 Uhr Was ist da draußen los? Ein kräftiger Sturm scheint sich zusammengebraut zu haben. Jetzt tobt er über meinem Lagerplatz und rüttelt wie verrückt an meinem Zelt. Hoffentlich habe ich es gut genug abgespannt!

5.30 Uhr Der Wind zerrt immer heftiger an meinem Zelt. Die Zeltstangen biegen sich so stark, dass die Wände fast mein Gesicht berühren. Langsam wird mir mulmig zumute. Ich schlüpfe in meine Regenklamotten und krabble aus dem Zelt, um nach dem Rechten zu sehen.

Wenn ein Sturm tobt, muss das Zelt extrem stabil und gut abgespannt sein.

5.32 Uhr Ich kann mich kaum auf den Beinen halten, so stark bläst der Wind. Ich stolpere um mein Zelt herum und prüfe die Abspannleinen. Ein paar haben sich gelöst und flattern herum. Zitternd versuche ich, das Zelt wieder sicher zu verankern.

5.37 Uhr Schon bei der ersten Schnur wird mir klar, dass mein Zelt durch den Mäusebesuch mehr Schaden genommen hat, als ich dachte. Aus dem Loch ist ein langer Riss geworden. Je mehr ich versuche, die Leinen abzuspannen, desto größer wird er.

5.40 Uhr Zurück im Zelt, überlege ich, wie es weitergehen soll. Ich muss unbedingt verhindern, dass der Sturm mein Zelt komplett zerstört. Also packe ich meine Siebensachen wasserdicht ein, bringe sie nach draußen und lege das Zelt erst einmal zusammen.

6.15 Uhr Ich hocke unter einem Felsen und hoffe, dass der Sturm bald nachlässt.

8 Uhr Langsam wird der Wind schwächer. Ich sehe mir mein Zelt genauer an. Au weia, der Riss ist riesig! Außerdem haben sich einige Nähte so stark gedehnt, dass sie sicher nicht mehr wasserdicht sind.

Soll ich hier einziehen?

8.30 Uhr Was mache ich jetzt? Ich habe drei Möglichkeiten:

1. Ich breche meine Expedition ab. – Nein, so schnell lasse ich mich nicht unterkriegen!
2. Ich ziehe in das alte Goldgräberhaus, das ich auf dem Weg hierher gesehen habe. – Allerdings ist das Dach ziemlich kaputt, außerdem gefällt mir mein Lagerplatz.
3. Ich baue mir Unterschlüpfe aus Naturmaterialien. – Ja, das mache ich. Ich gehe sofort los und sammle Äste.

9 Uhr Zunächst fertige ich mir einen Unterschlupf für die Nacht an: eine Ein-Mann-Laubhütte. Sie ist dicht mit Laub bedeckt und ziemlich eng. Darin friere ich bestimmt nicht.

12 Uhr Jetzt errichte ich noch ein Schutzdach, das ich schräg gegen zwei Bäume lehne. Darunter kann ich sitzen, mein Essen zubereiten und entspannt den nächsten Regenschauer abwarten.

15.30 Uhr Nun bin ich für alles gewappnet. So kann ich meine Expedition fortsetzen.

WILDNIS-TIPP
UNTERSCHLÜPFE

Das Schutzdach

Befestige einen dicken Ast quer zwischen zwei Bäumen, am besten in Astgabeln. Lehne einige dicke Äste dagegen, fixiere sie mit dem Kreuzbund (Seite 58) und webe aus dünneren Ästen ein Gitter hinein. Das bedeckst du mit Nadelbaumzweigen und Laub. Bitte nur bereits abgestorbene oder heruntergefallene Pflanzenteile verwenden!

Mein Schutzdach – gemütlich, oder?

Die Ein-Mann-Laubhütte

Lege ein Ende eines dicken Astes, der ein Stück länger ist als du, oben in ein aus zwei Ästen aufgestelltes und verknotetes Dreieck. Das ist dein Eingang. Dann lehnst du seitlich möglichst viele Äste an den dicken Ast und bedeckst sie mit einer 30 cm dicken Laubschicht. Zum Schluss noch viel trockenes Laub auf dem Boden der Hütte verteilen!

MEIN MAGEN KNURRT!

9 Uhr Jetzt habe ich schon sieben Tage im Wald verbracht und dabei viel mehr erlebt, als ich gedacht hätte. Eigentlich hatte ich mir vorgenommen, mich nach einer Woche auf den Rückweg zu machen. Aber vergangene Nacht habe ich so fantastisch in meiner neuen Laubhütte geschlafen, dass ich einfach keine Lust habe, jetzt schon wieder aufzubrechen und alles zurückzulassen. Ich möchte die einzigartige Natur und mein tolles Lager gern noch länger genießen! Außerdem habe ich immer noch keine Bären gesehen!

9.30 Uhr Wie sieht es eigentlich mit meinem Proviant aus? Meine Vorräte waren nur auf eine gute Woche ausgelegt. Spätestens morgen wird mir also das Essen ausgehen. Ich muss meine Vorratsdosen dringend genau unter die Lupe nehmen.

Große Töpfe vom alten Holzfäller – aber leider kaum was drin!

9.50 Uhr Ich habe noch ein paar Haferflocken und Nudeln, etwas Reis und wenige Trockenfrüchte. Grübelnd beginne ich, die Lebensmittel auf drei Tage zu verteilen. Wie wird es mir gehen, wenn ich so wenig esse?

10.05 Uhr Mein Magen knurrt. Aber ich traue mich gar nicht, etwas zu essen. Es sieht so wenig aus! Nachdem ich eine kleine Portion Haferbrei mit ein paar Nüssen auf dem Feuer aufgewärmt habe, stelle ich fest: Ich werde schon heute viel mehr essen, als ich es mir selbst eben überlegt habe. Und dann will ich in den nächsten Tagen auch noch wandern – da brauche ich Kalorien!

10.15 Uhr Ich habe eine Idee! Vielleicht gibt es hier im Wald ja etwas Leckeres für mich?!

10.30 Uhr Ich blättere in meinem Naturführer. Hier in Kanada wachsen roter Klee, Krähen- und Blaubeeren, Minze, Brennnesseln, verschiedene Pilze ... hm! Und in dem kleinen Fluss neben meinem Lagerplatz schwimmen bestimmt ein paar leckere Fische herum. Wo habe ich eigentlich Angelschnur und Haken?

11 Uhr Schnell ist eine Angel hergerichtet, einen Blinker als Köder habe ich immer dabei! Na, dann versuche ich mal mein Glück. Wo der kleine Fluss in den größeren mündet, sind meine Chancen bestimmt besonders gut.

11.45 Uhr Schon habe ich zwei Saiblinge gefangen. Das Mittagessen ist also gerettet und mehr als die zwei brauche ich heute nicht, um satt zu werden.

12.10 Uhr Während der erste Fisch über dem Feuer brutzelt und ein leckerer Brennnesseltee vor sich hin blubbert, entdecke ich aus dem Augenwinkel ein paar Birkenpilze im Unterholz. Mit so vielen Leckereien kann ich es noch eine ganze Weile aushalten!

Ich spieße den Fisch auf einen Stock und halte ihn über die Glut meines Lagerfeuers.

ESSEN AUS DER NATUR!

In der Natur gibt es viele leckere Sachen. Beachte Folgendes:

Brombeeren und Himbeeren – lecker!

- Iss nur Früchte, die du kennst und von denen du sicher weißt, dass sie nicht giftig sind. Und: vorher immer gründlich abwaschen oder – noch besser – kochen!
- Bucheckern erst einige Minuten in einer Pfanne über dem Feuer rösten! Sonst kannst du Bauchschmerzen bekommen.
- Angeln darfst du in Deutschland nur gemeinsam mit einem Erwachsenen und mit einem Jugendfischereischein. Erkundige dich bei einem Fischereiverein.
- Keine Kastanien essen! Die Esskastanien auf dem Weihnachtsmarkt haben nichts mit den Kastanien in der Wildnis zu tun!
- Finger weg von Pilzen! Es gibt zwar sehr leckere Sorten, aber viele sehen giftigen Arten sehr ähnlich.
- Brennnesseltee: einfach hellgrüne Blätter pflücken (nicht die Zacken berühren!) und acht Minuten in Wasser kochen.

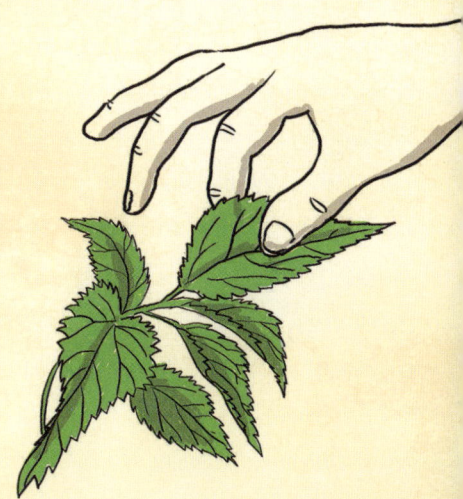

WO SIND DENN ALLE?

8.15 Uhr Ich habe wunderbar geschlafen und will jetzt endlich Tiere, am liebsten Bären, beobachten. Spuren verschiedener Tiere habe ich schon gesehen: Hufabdrücke von Elchen, Karibu-Kot, Federn eines Seeadlers, Nagespuren von Eichhörnchen und Mäusen. Eben hat mich sogar ein Salamander zum Frühstück besucht. Und ein neugieriger Fuchs wagt sich schon seit Tagen immer wieder ganz nah an meinen Lagerplatz.

9.30 Uhr Ich bin auf den Hang gestiegen und sehe mich um. Wo liegt der beste Beobachtungsposten? In der Ferne entdecke ich einen hohen Felsen, von dem man die ganze Gegend und auch die Baumwipfel sicher gut überblicken kann – da will ich hin!

Ein neugieriger Fuchs in der Nähe meines Lagerplatzes

Frühstücksgast: ein Salamander

36

Unterwegs begegnen mir muntere Eichhörnchen.

9.40 Uhr Schnell suche ich mein Fernglas und meine Kamera heraus und mache mich auf den Weg. Schließlich will ich nichts verpassen!

10.30 Uhr Eichhörnchen turnen um mich herum, Mäuse flitzen davon und die Vögel buddeln nach Würmern. Die großen Tiere dagegen scheinen sich gut zu verstecken. Haben sie mich bemerkt, obwohl ich so leise war?

11.15 Uhr Endlich bin ich oben auf dem Felsen angekommen. Von hier aus kann ich sehen, wie sich der Fluss durchs Tal Richtung Süden schlängelt. Ich setze mich hin und suche die Gegend ganz genau mit dem Fernglas ab.

11.30 Uhr Immer noch keine Bären, Wölfe und Elche in Sicht! Ich bin enttäuscht. Wo sind die vielen Tiere, die zu den Spuren gehören?

11.40 Uhr Mir geht ein Licht auf! Lang bevor ich hier angekommen bin, hatte der Wind meinen Geruch und meine Geräusche vom Lagerplatz hierher getragen. Die Tiere haben mich also schon früh bemerkt und sich versteckt! Ich beschließe, erst einmal zum Lagerplatz zurückzukehren.

15 Uhr Ich habe mir vorgenommen, in die andere Richtung zu gehen – mit dem Wind im Gesicht. So können die Tiere mich nicht wittern. Gleichzeitig muss ich vorsichtig sein, damit ich keins überrasche. Bis zur Dämmerung, wenn sich viele Tiere aus ihren Verstecken trauen, möchte ich einen guten Platz gefunden haben.

16.30 Uhr Mit klopfendem Herz schleiche ich durch den Wald. Da drüben ist eine kleine Anhöhe, von der ich hoffentlich das ganze Gebiet überblicken kann.

16.45 Uhr Ich lege mich oben auf die Lauer und behalte den Fluss im Auge. Die Fische darin locken bestimmt hungrige Bären an …

17.35 Uhr Keine 50 m von mir entfernt knackt es im Gebüsch. Ich wage es kaum zu atmen. Ein riesiger Grizzly schaut vorsichtig aus den Büschen. Plötzlich kommen noch weitere Bären. Gemeinsam gehen sie zum Fluss. Ein majestätischer Anblick!

Im Frühling sind die Bären noch recht schlank. Bis zum Winter werden sie sich eine dicke Fettschicht anfressen.

TIERE BEOBACHTEN

Kleine Tiere

Setze dich ganz still abseits der Wege auf den Waldboden und warte ab – mindestens zehn Minuten. Irgendwann bist du für die Tiere ein Teil des Waldes. Vögel kommen näher, vielleicht wühlt eine Maus neben dir im Boden. Ein Eichhörnchen ist damit einverstanden, dass du unter seinem Baum sitzt, und sammelt weiter sein Abendessen.

Große Tiere

Nimm dein Fernglas mit und suche dir vor Einbruch der Dämmerung einen leicht erhöhten Platz zwischen einer abgelegenen Wiese und dem Waldrand. Setze dich so, dass dir der Wind ins Gesicht bläst, damit die Tiere dich nicht wittern können. Jetzt heißt es mucksmäuschenstill warten. Übrigens: Wenn du einen Förster freundlich fragst, darfst du vielleicht (!) auf seinen Hochsitz klettern.

AUTSCH, ICH HAB MICH VERLETZT!

9 Uhr Nach dem Frühstück bleibe ich noch eine Weile sitzen. Mein Lager ist ein richtiges Zuhause geworden. Ich habe mich gemütlich eingerichtet, gut organisiert, kenne die besten Stellen fürs Essen und weiß, wo ich toll Tiere beobachten kann. Zwar ist in der Nacht mal wieder ein ordentliches Unwetter über mich hinweggezogen, aber der Morgen ist sonnig. Ich beschließe, einen Rundgang zu machen und alles zu überprüfen. Denn ich weiß ja genau, was alles in einer Nacht passieren kann!

10 Uhr Es scheint alles in Ordnung zu sein. Feuerholz und Nahrung habe ich auch noch genug. Es gibt also nichts, was dringend erledigt werden müsste. Darum nehme ich mir vor, entspannt die Gegend zu erkunden. Los geht's!

10.30 Uhr Auf der Karte habe ich einen kleinen, höher gelegenen See entdeckt und mache mich gleich auf den Weg.

Mein Plan für heute: einfach die Natur genießen!

10.50 Uhr Ich stehe vor einem sehr steilen Hang. Wenn ich ihn hinaufsteige, kann ich meinen Weg ein gutes Stück abkürzen ... ich versuch's!

10.55 Uhr Erschrocken stelle ich fest, dass der Untergrund vom nächtlichen Unwetter noch ziemlich nass und rutschig ist. Ganz vorsichtig klettere ich weiter.

Wenn ich den Hang rechts neben dem Felsen hinaufsteige, könnte ich meinen Weg super abkürzen.

11.10 Uhr Autsch, ich bin gestolpert und hingefallen. Jetzt rutsche ich immer schneller bergab. Ein stechender Schmerz jagt durch meinen Unterarm. Trotzdem versuche ich krampfhaft, mich irgendwo festzukrallen. Aber nirgends finde ich Halt! Mit lautem Krachen poltere ich den Hang hinunter, pralle gegen Steine und Äste und knalle schließlich auf meinen Lagerplatz.

11.20 Uhr Mir tut alles weh, vor allem mein Fuß pocht wie verrückt.

11.30 Uhr Ich fange an, meinen Körper zu untersuchen. Den Unterarm habe ich mir wohl an einem Ast aufgerissen, die blutende Wunde ist ziemlich schmutzig. Am meisten schmerzt aber mein Fuß, das Auftreten tut höllisch weh.

11.45 Uhr Ich krame in meinem Rucksack. Irgendwo muss doch das Spezial-Erste-Hilfe-Set für Abenteurer stecken … ah, da ist es!

12 Uhr Ich muss verhindern, dass sich mein Arm entzündet. Mit dem abgekochten Wasser vom Frühstück spüle ich den Dreck aus der Wunde. Dann desinfiziere ich sie, decke sie mit einer Wundauflage ab und wickle einen Verband drum herum.

12.15 Uhr Für den Fuß habe ich eine formbare Schiene, die ich um den Knöchel biege und fest verbinde. Ich beschließe, morgen den Rückweg anzutreten und meine Verletzungen einem Arzt zu zeigen. Mit meinem Satellitentelefon rufe ich einen Freund an. Er verspricht, mir entgegenzukommen. Ein Glück!

Zu wissen, wo sich das nächste Telefon befindet, kann lebenswichtig sein.

WILDNIS-TIPP
HILFE HOLEN

Am besten machst du dich nicht – wie ich – allein auf den Weg in den Wald, sondern gemeinsam mit zwei Freunden. Dann kann ein Kind beim Verletzten bleiben, während ein anderes Kind Hilfe holt.

Hast du ein Handy dabei, rufst du im Notfall direkt den Rettungsdienst an: 112. Falls du keinen Empfang hast, solltest du wissen, wo sich das nächste Telefon befindet.

Die fünf Ws:
- Wer meldet den Unfall?
- Was ist geschehen?
- Wo ist der Unfall geschehen?
- Wie viele Verletzte gibt es?
- Warten auf Rückfragen

Ganz Wichtig: Packe für jede Tour ein Erste-Hilfe-Set ein.

Mein Erste-Hilfe-Set habe ich immer dabei.

SAUBERE SACHE!

1 Uhr Ich liege wach in meiner Laubhütte und kann nicht schlafen. Meinen Fuß habe ich etwas erhöht auf einem dicken Ast gelagert, den ich mit meiner Jacke gepolstert habe. Am ganzen Körper spüre ich die Blessuren von gestern. Ich muss unzählige blaue Flecken haben.

6 Uhr Vorsichtig krieche ich ins Freie und strecke mich. Zumindest scheine ich mich normal bewegen zu können. Ich mache ein paar vorsichtige Schritte – wunderbar, das geht! Aber schaffe ich auch den langen Rückweg?

7 Uhr Jetzt suche ich erst einmal meinen Rucksack und fange an, meine Sachen zu packen. Klamotten und Ausrüstung wieder optimal zu verstauen, ist gar nicht so einfach. Schlafsack, Zelt, Anziehsachen – zum Glück habe ich weniger Proviant als auf dem Hinweg.

8 Uhr Damit ich sicherer laufen kann, schnitze ich mir jetzt noch einen Wanderstab. So sollte es gehen.

Nichts soll mehr an mich erinnern!

9 Uhr Fertig! Bevor ich loshumple, schaue ich mich noch einmal um. Die schöne, unberührte Stelle, die ich vor elf Tagen vorgefunden habe, gibt es so nicht mehr: hier die Feuerstelle, dort der Unterschlupf, das vorbereitete Feuerholz, der Toilettenbereich – und überall Fußspuren! Auch wenn ich allen Müll und meine Ausrüstung eingepackt habe, kann man deutlich erkennen, dass hier ein Mensch in der Wildnis gelebt hat. Hm.

9.15 Uhr So kann ich diesen Ort nicht verlassen! Niemand soll sehen, dass ich hier gewesen bin, damit sich auch der nächste Abenteurer so über diesen Platz freuen kann, wie ich es getan habe. Genauso mühsam, wie ich meine Unterschlüpfe aufgebaut habe, verteile ich die Äste jetzt wieder im Wald.

9.50 Uhr Als Nächstes grabe ich die Feuerstelle um und bringe die Steine zurück zum Fluss – gar nicht so einfach mit einem Humpelfuß!

10.15 Uhr Nun steige ich mühsam auf den Hang, um den Donnerbalken abzubauen und das Toilettenloch mit Erde zu füllen.

Plastikbecher haben im Wald nichts zu suchen.

10.30 Uhr Ich sehe mich noch einmal um. Man sieht immer noch zu viele Spuren von mir. Also nehme ich einen alten Tannenzweig und nutze ihn als Besen. Wenn mich jetzt jemand sehen könnte – fegen im Wald! Aber so kann ich auch die letzten Spuren verwischen.

11.30 Uhr Fertig! Zufrieden mache ich mich auf den Rückweg.

12.45 Uhr Was liegt denn da auf dem Boden? Ein Plastikbecher! Lächelnd stecke ich ihn ein. Hauptsache, der Wald bleibt so unberührt wie möglich!

WILDNIS-TIPP
AUFRÄUMEN

Wer in der Natur unterwegs ist, lernt schnell, sie zu schätzen. Das Gefühl, im unberührten Wald zu sein, ist besonders schön. Darum immer daran denken: Alles, was du mitgebracht hast, nimmst du auch mit zurück. Was du aufgebaut hast, baust du wieder ab. Jeder Abenteurer, der nach dir kommt, soll den Platz genauso schön vorfinden, wie er war, als du ihn entdeckt hast – oder sogar noch besser!

Für jeden Naturfreund ist es selbstverständlich, herumliegenden Müll aufzuheben und in den nächsten Abfalleimer zu werfen. Es fühlt sich toll an, der Natur und dem Wald etwas Gutes zu tun. Probier's aus!

Geschafft!
Wieder
zu Hause!

WELCHER WALD SOLL'S SEIN?

Ein Wald ist eine starke Gemeinschaft von Bäumen, kleineren Pflanzen, Pilzen und vielen Tieren. Wir haben großes Glück: Egal wo wir wohnen, in der Nähe gibt es immer einen kleinen Wald. Die meisten Wälder bei uns sind Nutzwälder und häufig reine Laub- oder Nadelwälder. Hier werden die Bäume regelmäßig gefällt, um zu Möbeln, Gartenhäuschen und Dachstühlen verbaut zu werden.

Umgestürzte Bäume im Urwald Sababurg: Lebensraum für Tiere, Pflanzen und Pilze

In einem Urwald dagegen wird kein Baum gefällt, kein Weg freigeschnitten, kein totes Holz weggeräumt. In einigen europäischen Urwäldern siedeln sich zurzeit wieder Tiere an, die lange Zeit verschwunden waren, zum Beispiel Bären in Bayern, Wölfe in Sachsen und Luchse in Österreich. Übrigens: Der größte Urwald der Erde liegt in Sibirien und ist damit Teil des borealen Nadelwalds, der im Norden unseren ganzen Planeten wie ein Band umschließt.

Bevor du aufbrichst, sieh dir eine Landkarte des Waldes genau an.

- Handelt es sich um einen Laub-, Nadel- oder Mischwald? Welcher Wald interessiert dich am meisten?
- Ist das Gelände hügelig oder eher flach? Je mehr Steigungen, desto anstrengender der Weg – plane genug Zeit ein!
- Gibt es Bäche, Teiche oder sogar einen See? Die Karte verrät dir auch, wo du eine Brücke oder einen Steg findest.
- Kann man irgendwo prima eine Pause einlegen? Auch wenn es anfängt zu regnen, ist es gut zu wissen, wo sich eine Schutzhütte befindet.

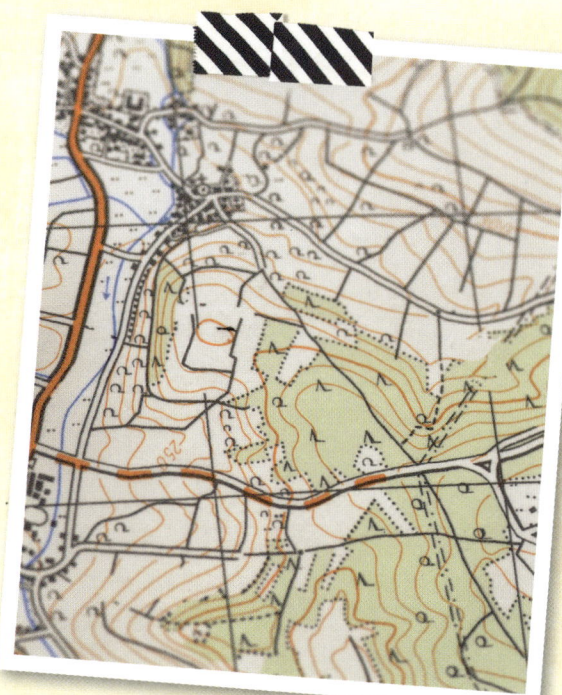

Je enger die orangefarbenen Höhenlinien beieinanderliegen, desto steiler ist das Gelände.

Zeichen auf deiner Karte

Nadelwald ∧∧∧

Laubwald ∩∩∩

Brücke/Steg

Böschung

Höhle ∩

Fluss ～

Wasserfall

See

Schutzhütte ⌂

Gebäude ■

Bahnlinie ▬▬▬

Straße/Weg

GEFAHREN IM WALD

Die größte Gefahr besteht darin, sich zu verirren. Schnell ist man zu tief in den Wald hineingelaufen und sieht plötzlich nur noch Bäume um sich herum. Sei also aufmerksam und verlier den Rückweg nicht aus den Augen! Und: Achte auch auf die Dämmerung! Im Dunkeln ist es fast unmöglich, den Weg zum Basislager oder nach Hause wiederzufinden. Darum solltest du immer vor Einbruch der Dunkelheit zurück sein.

Im Wald ist es nicht immer leicht, das Wetter zu beobachten. Die hohen Bäume versperren den Blick auf die Wolken. Ein heraufziehendes Unwetter bemerkst du vielleicht erst, wenn es schon fast zu spät ist. Bei Wind, Regen, Schnee und Hagel können Äste abbrechen und auf deinen Kopf fallen – also nichts wie raus aus dem Wald!

Manche Gewässer sind gefährlich! Du kannst auf glitschigen Steinen ausrutschen oder dich in Wasserpflanzen verheddern.

Das gefährlichste Tier in unseren Wäldern ist das Wildschwein. Eigentlich versteckt es sich vor den Menschen. Wird es jedoch überrascht, verteidigt es sich. Vor allem den Jungtieren solltest du nicht zu nah kommen. Ihre Mutter ist bestimmt in der Nähe und will sie beschützen.

Vorsicht, ein Wildschwein mit Jungen!

Auch ganz kleine Tiere können gefährlich sein. Zecken zum Beispiel saugen dein Blut und können dabei Krankheiten übertragen. Lass deinen Körper daher nach jedem Waldabenteuer gründlich absuchen und die Tiere gegebenenfalls mit einer Zeckenkarte entfernen. Zusätzlich kannst du dich impfen lassen (Seite 55).

Zecke: oben normal, unten vollgesogen

Noch viel winziger, aber mindestens genauso gefährlich sind Fuchsbandwurmeier. Füchse mit Fuchsbandwurm verteilen die Eier durch ihre Ausscheidungen. Darum solltest du Früchte immer gründlich abwaschen oder sogar kochen. Pflücke sie immer möglichst weit oben. Dort ist die Wahrscheinlichkeit, dass sie verunreinigt sind, am geringsten. Und nicht vergessen: vor dem Essen Hände waschen!

DIE RICHTIGE AUSRÜSTUNG

Ein guter Rucksack

Mein Rucksack hat schon unzählige Abenteuer mit mir erlebt und ist ein ganz besonderer Freund geworden. Achte beim Kauf auf Folgendes:

- Dein Rucksack sollte höhenverstellbare Schultertragegurte und einen gepolsterten Hüftgurt haben.
- Für Tagestouren genügen 20 Liter, für mehrtägige Touren mit Schlafsack sollten es 40 Liter Fassungsvermögen sein.
- Praktisch sind einige Fächer, die du von außen erreichen kannst.
- Dein Rucksack muss sich auf deinem Rücken angenehm anfühlen, der Hüftgurt muss das Gewicht gut verteilen.

Mein Rucksack und ich

Die richtige Kleidung

- eine leichte Jacke, die vor Wind und Regen schützt
- ein Fleecepulli, den du bequem unter der Jacke tragen kannst
- Unterwäsche, Socken, ein T-Shirt und ein langärmeliger, dünner Pulli
- eine Hose aus schnell trocknendem Material mit vielen Taschen (praktisch: ein Reißverschluss, der die lange Hose in eine kurze verwandelt)
- leichte, wasserdichte, warme und stabile Wanderschuhe, die deinen Füßen einen guten Halt bieten

Kompass und Landkarte

- Praktisch ist ein Kartenkompass mit durchsichtigem Boden und drehbarer Dose (Seite 56).
- Deine Landkarte sollte einen Maßstab von 1 : 25 000 haben. Das bedeutet: 4 cm auf der Karte entsprechen 1 km in der Natur.

Ein Taschenmesser

- Die Spitze sollte leicht abgerundet sein.
- Die Klinge sollte scharf sein, damit sie leicht durchs Holz gleitet. Sonst musst du zu stark drücken, rutschst leicht ab und schneidest dich.
- Dein Messer sollte gut in deiner Hand liegen und nicht zu groß sein.

Ein Erste-Hilfe-Set

1 Spule Heftpflaster
Pflasterstreifen
1 Zeckenkarte
1 Paar Einweghandschuhe
1 wasserdichtes Täschchen
1 Verbandpäckchen
2 Mullbinden
1 Schere mit stumpfer Spitze
1 Handy
2 sterile Wundauflagen
1 Packung Blasenpflaster
1 Dreiecktuch
1 Pinzette
1 Rettungsdecke

Und sonst

- Proviant, zum Beispiel Müsliriegel
- eine bruchsichere, leicht zu reinigende Wasserflasche (irgendwann erzählt jeder Kratzer an der Flasche eine eigene Geschichte)
- ein mindestens 5 m langes und stabiles, gutes Seil

VORBEREITUNG IST ALLES!

Die Ausrüstung tragen, das Camp einrichten, Holz sammeln – ganz schön anstrengend! Darum ist es wichtig, dass du deine Ausdauer trainierst, zum Beispiel indem du viel zu Fuß gehst oder sogar läufst, auch Strecken von mehr als 5 km. So wirst du immer fitter, bist auf deiner Expedition nicht so schnell außer Atem und kannst alles viel besser genießen. Auch genügend Kraft in den Armen ist nützlich: Versuche Klimmzüge an einer Turnstange! Wenn's nicht sofort klappt, springe einfach dran und halte dich eine Weile, dann kannst du es bald!

Vor allem nach einem Sturm kann der Waldboden ziemlich unwegsam sein.

Im Wald ist der Boden oft uneben. Ungeübt knickt man leicht um – das tut weh. Darum schlüpfst du am besten in deine Wanderschuhe und trainierst das Gehen in der Wildnis. Du wirst sehen: Deine Beine gewöhnen sich daran, du bewegst dich sicherer und auch leiser.

Im schlimmsten Fall können kleine Verletzungen als gefährlicher Wundstarrkrampf enden. Deshalb solltest du regelmäßig beim Kinder- oder Hausarzt deinen Tetanus-Impfschutz checken lassen. Auch eine Impfung gegen Frühsommer-Meningoenzephalitis (FSME), eine gefährliche Krankheit, die von Zecken übertragen werden kann, ist möglich.

Abenteurer sollten sich in Erster Hilfe auskennen. Das Deutsche Rote Kreuz, die Johanniter Unfallhilfe und andere Organisationen bieten Erste-Hilfe-Kurse speziell für Kinder an, zum Beispiel in den Ferien. Frag mal nach!

Egal wie gut du deine Tour planst, es kann passieren, dass du unvorhergesehene Herausforderungen meistern musst. Am besten liest du viele Reiseberichte von Bergsteigern, Seefahrern und Naturforschern und merkst dir, welche Lösungen die Abenteurer in ganz speziellen Situationen gefunden haben.

Alexander von Humboldt war ein berühmter Naturforscher. Über ihn gibt es spannende Bücher, auch für Kinder.

TRAINING FÜR ABENTEURER

Karte und Kompass nutzen

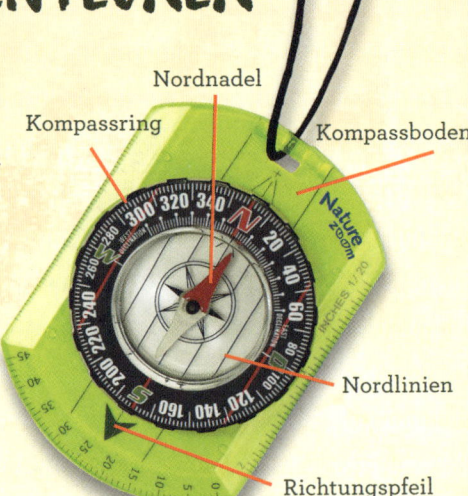

Nordnadel

Kompassring

Kompassboden

Nordlinien

Richtungspfeil

1. Lege eine lange Kante des Kompassbodens an die Luftlinie zwischen Standort und Ziel.

2. Drehe den Kompassring so lange, bis das rote „N" zum Norden auf der Karte zeigt. Die Nordlinien helfen dir dabei.

3. Nimm den Kompass von der Karte und halte ihn waagerecht vor dich.

4. Dreh dich, bis die rote Spitze der Nordnadel auf das „N" des Kompassrings zeigt. Der Richtungspfeil zeigt nun genau in die Richtung, in die du gehen musst.

5. Schau am Richtungspfeil entlang in Richtung Ziel und suche dir eine Landmarke genau auf deinem Weg, etwa einen großen Baum. Dort angekommen, peilst du den nächsten Punkt an und so weiter.

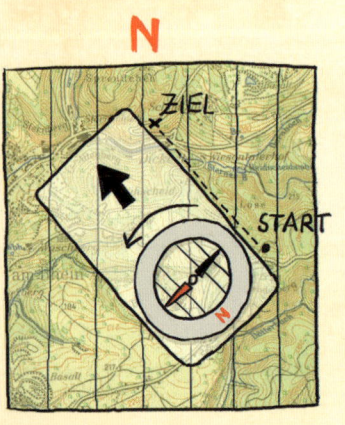

Feuer machen

Ein Lagerfeuer soll dich warm halten. Dafür muss es groß sein und seine Wärme gleichmäßig in alle Richtungen abstrahlen. Gut geeignet ist ein Pyramidenfeuer, bei dem die Äste in Pyramidenform aufgestellt werden. Ein solches Feuer brennt heiß und hell. So spendet es nicht nur Wärme, sondern auch Licht. Und wenn das Holz nicht nass ist, qualmt das Feuer auch kaum! Am besten wärmt es dich übrigens, wenn hinter dir etwas die Hitze reflektiert, zum Beispiel ein Felsen.

Ein Pyramidenfeuer

Ein Kochfeuer muss die Wärme vor allem nach oben abstrahlen. Praktisch ist ein Grubenfeuer: Du kannst nah am Feuer hantieren, ohne dir die Beine zu verbrennen. Hebe ein Loch aus, entzünde darin ein Feuer und warte, bis die hohen Flammen erloschen sind und du hauptsächlich Glut hast. Jetzt kannst du deine Töpfe über die Grube hängen oder hineinstellen.

Ein Grubenfeuer

Die wichtigsten Knoten

Mit dem **Kreuzbund** kannst du Äste stabil miteinander verbinden, zum Beispiel für den Donnerbalken oder dein Schutzdach.

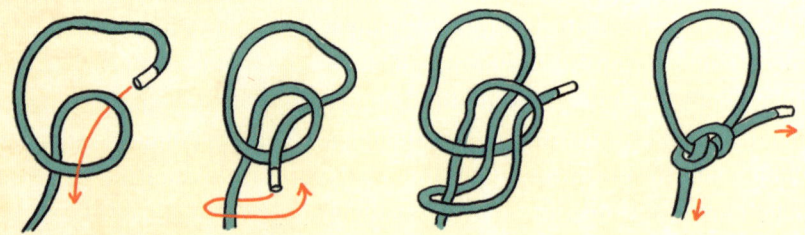

Mit dem **Palstek** stellst du eine Schlaufe her, zum Beispiel um etwas aufzuhängen oder Abspannleinen an deinem Zelt festzumachen. Der Palstek lässt sich leicht wieder öffnen. Egal wie fest man daran zieht, er zieht sich niemals zu.

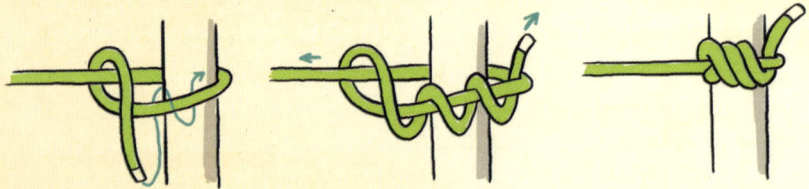

Ein sehr einfacher Knoten, um ein Seilende an einem Baum zu befestigen, ist der **Zimmermannsknoten**. Verwende ihn nur, um Material festzuknoten, nicht um dich selbst zu sichern!

Um die Schnüre am Zelt oder eine Wäscheleine straff zu spannen, baust du dir am besten einen Flaschenzug ins Seil, der deine Kraft verstärkt. Gesichert wird er direkt an der Umlenkschlaufe mit einem Slipstek. So kannst du das Seil leicht wieder öffnen oder nachspannen!

So stellst du den Flaschenzug her:

So knotest du den Slipstek:

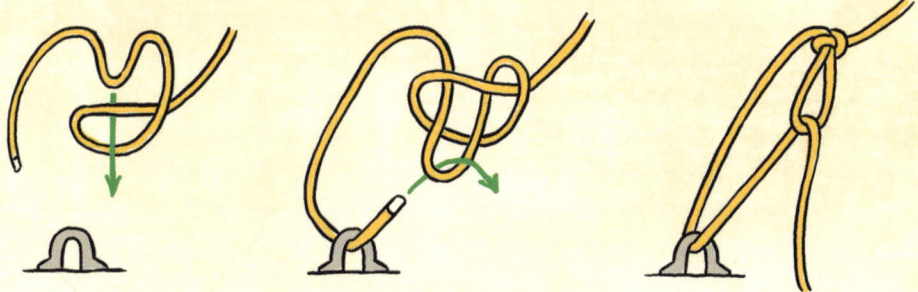

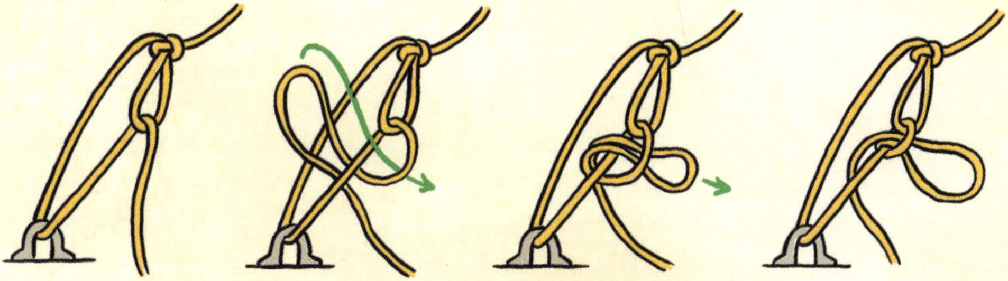

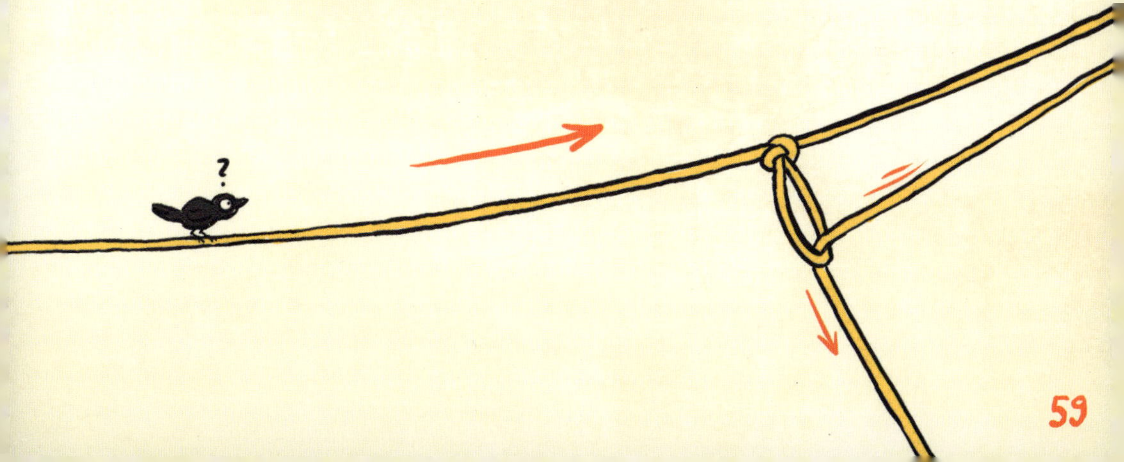

Schnitzen

Abenteurer müssen schnitzen können. Hier die wichtigsten Regeln auf einen Blick:

Laufe nie mit dem Messer herum, schnitze nur im Sitzen.

Bewege das Messer immer vom Körper weg.

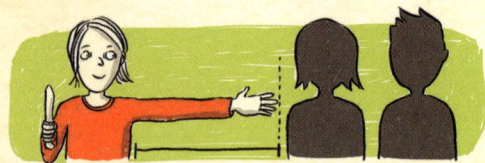

Halte mindestens eine Armlänge Abstand zu anderen Kindern.

Nimm ein scharfes Messer, mit einem stumpfen schneidest du dich leichter!

Lege regelmäßig eine Pause ein oder schnitze am nächsten Tag weiter. So können sich deine Muskeln und Hände erholen.

Schnitzen erfordert viel Übung. Starte daher mit einfachen Dingen: Spitze einen Stock als Grillstab an, und verziere ihn, indem du Rillen und Muster in die Rinde schneidest. Auf die gleiche Weise kannst du einen dickeren Ast in deinen ganz persönlichen Wanderstock verwandeln. Und aus einem Weidenzweig kann mit etwas Übung eine Gabel zum Essen werden.

TSCHÜSS, ABENTEURER!

Hier endet mein Buch. Ich hoffe, es hat dir gefallen, und drücke dir fest beide Daumen für deine Abenteuer. Die kannst du nicht nur in Kanada, sondern auch hier bei uns erleben.

Ich bin fast jeden Tag draußen im Wald unterwegs und erlebe spannende Sachen. Und auch wenn zuerst nichts Aufregendes passiert, wartet doch meist irgendwo ein besonderes Abenteuer auf mich. Einmal zum Beispiel ist ein riesiger Uhu direkt über mir gelandet! Ein anderes Mal habe ich ein wunderbares Rehgeweih gefunden und auf dem Heimweg einen genialen Aussichtspunkt entdeckt.

Mein Tipp für dich: Geh raus, wann immer du kannst, und freu dich über das tollste Stück Natur, das wir hier haben: den Wald!

**Mach's gut und pass auf dich auf!
Dein Tobi**

Ich auf dem Yukon in Kanada